BEI GRIN MACHT SICH IHR WISSEN BEZAHLT

Sabine Neureiter

Nofretete und die Amarna-Religion

GRIN Verlag

Bibliografische Information der Deutschen Nationalbibliothek:

Die Deutsche Bibliothek verzeichnet diese Publikation in der Deutschen National-
bibliografie; detaillierte bibliografische Daten sind im Internet über http://dnb.d-
nb.de/ abrufbar.

Dieses Werk sowie alle darin enthaltenen einzelnen Beiträge und Abbildungen
sind urheberrechtlich geschützt. Jede Verwertung, die nicht ausdrücklich vom
Urheberrechtsschutz zugelassen ist, bedarf der vorherigen Zustimmung des Verla-
ges. Das gilt insbesondere für Vervielfältigungen, Bearbeitungen, Übersetzungen,
Mikroverfilmungen, Auswertungen durch Datenbanken und für die Einspeicherung
und Verarbeitung in elektronische Systeme. Alle Rechte, auch die des auszugsweisen
Nachdrucks, der fotomechanischen Wiedergabe (einschließlich Mikrokopie) sowie
der Auswertung durch Datenbanken oder ähnliche Einrichtungen, vorbehalten.

Impressum:

Copyright © 2010 GRIN Verlag GmbH
Druck und Bindung: Books on Demand GmbH, Norderstedt Germany
ISBN: 978-3-656-50742-0

Dieses Buch bei GRIN:

http://www.grin.com/de/e-book/262202/nofretete-und-die-amarna-religion

GRIN - Your knowledge has value

Der GRIN Verlag publiziert seit 1998 wissenschaftliche Arbeiten von Studenten, Hochschullehrern und anderen Akademikern als eBook und gedrucktes Buch. Die Verlagswebsite www.grin.com ist die ideale Plattform zur Veröffentlichung von Hausarbeiten, Abschlussarbeiten, wissenschaftlichen Aufsätzen, Dissertationen und Fachbüchern.

Besuchen Sie uns im Internet:

http://www.grin.com/

http://www.facebook.com/grincom

http://www.twitter.com/grin_com

Nofretete und die Amarna-Religion

Erstmals publiziert in:
Kemet - Die Zeitschrift für Ägyptenfreunde,
Nofretete,
Bd. 3, 2010, Kemet Verlag, Berlin, 23ff
(www.kemet.de)

von

Sabine Neureiter, M.A.

Vorwort

Bei meinen Kemet-Artikeln handelt es sich um Texte, in denen ich versuche auf wenigen Seiten viele Informationen zu liefern. Der inhaltliche Rahmen ergibt sich aus dem Titel-Thema der jeweiligen Kemet-Ausgabe. Alle Artikel in den Kemet-Magazinen sind bebildert; die Fotos ergänzen die Texte.

Mir war bei jedem einzelnen Artikel wichtig, nicht lediglich schon bekannte und überall nachzulesende Informationen zusammenzustellen und nachzuerzählen. Ich betrachte alle Themen aus einer über den Tellerrand der Ägyptologie hinausgehenden Perspektive und stelle oftmals Thesen in den Raum, die eine Diskussion anstoßen sollen. Es handelt sich dabei aber immer um begründete und nicht aus der Luft gegriffenen Überlegungen.

Für viele meiner Artikel bilden ethnologische, soziologische oder religionswissenschaftliche Ansätze den Rahmen, um alternative Sichtweisen zu ermöglichen. Dabei gehe ich durchaus – aus ägyptologischer Sicht – etwas provokativ an ein Thema heran. Aber immer nur mit dem Ziel, neue oder unbekanntere Aspekte darzustellen.

Um altbekannter Kritik von vornherein entgegenzutreten: Grundsätzlich ist ein über räumliche und zeitliche Grenzen hinwegreichender Kulturvergleich ebenso statthaft wie ein sich ausschließlich an die Originalquellen haltender Versuch, Erkenntnisse über die altägyptische Kultur zu gewinnen. Das Argument, es handle sich bei dem einen um eine anachronistische und bei dem anderen um die einzig akzeptable Vorgehensweise, greift nicht. Denn schließlich findet auch das sprachwissenschaftlich fundierte Interpretieren einer altägyptischen Originalquelle alles andere als zeitnah zu ihrer Entstehung statt. Und eine Quelle aus der ägyptischen Spätzeit ist immerhin auch schon zweitausend Jahre jünger als etwa eine aus der Pyramidenzeit, so dass die Interpretationsergebnisse der jüngeren Quelle als anachronistisch bewertet und zum Verständnis der älteren nicht herangezogen werden dürften, wollte man dieser Argumentation folgen.

Nicht nur der Kulturvergleich, sondern gerade auch der interdisziplinäre Ansatz erweitert unseren Verstehenshorizont. Dann finden sich Antworten auf Fragen, die sich aus ägyptologischer Sicht nie stellen würden und werfen Licht auf unbeachtete oder unbekannte kulturelle Phänomene. Auch scheinbar wissenschaftlich längst bearbeitete Bereiche müssen immer wieder auf den Prüfstand; allein, weil jedem Wissenschaftler und jeder Wissenschaftlerin eine subjektive Sichtweise zueigen ist und jeder Versuch, Subjektivität aus der Arbeit auszuschließen und reine Objektivität walten zu lassen, niemals gelingen kann.

Letztendlich kann es immer nur darum gehen, ein weiteres kleines Fenster zum Verständnis der altägyptischen Kultur aufzustoßen.

Nofretete und die Amarna-Religion

Einleitung

Nofretete hatte als Große Königliche Gemahlin, also als Hauptfrau des Königs, neben Echnaton eine in der altägyptischen Geschichte herausragende Stellung. Sie war zusammen mit Echnaton Teil des neuen, monotheistischen Aton-Kultes, dessen Zentrum das Königspaar in der neu gegründeten Hauptstadt Achet-Aton (dt. „Horizont des Aton") etablierte, dem heutigen Tell el-Amarna.

Im Folgenden möchte ich die Rolle Nofretetes innerhalb der Amarna-Religion herausstellen. Ich meine, es gibt Hinweise, die auf eine Einweihung Nofretetes in den von Echnaton gestifteten Aton-Kult gibt. Und ich denke sogar, dass der König selbst Nofretete in die Mysterien des neuen Kultes einweihte.

Zur Amarna-Religion

Die Amarna-Religion um den Lichtgott Aton konzentriert sich auf den „Aspekt des Lebensgottes und bemüht sich in einer einzigartig expliziten und eindringenden Beschreibung der sichtbaren Wirklichkeit, alles auf die eine Lebensquelle Sonne zurückzuführen".[1] Aton war die lichterfüllte Luft und sein Kultbild war die leuchtende Sonne am Himmel.

Der Lichtgott wurde im Flachbild als Sonnenscheibe mit dem Uräus dargestellt. Dass es nicht möglich war, Licht rundbildlich darzustellen, wie Erik Hornung meint,[2] ist nicht überzeugend. Schließlich konnte auch die Luft in Form des Gottes Schu, die Fruchtbarkeit des Landes durch den Nilgott Hapi oder die Mutterliebe durch Isis abgebildet werden.[3] In den Flachbildern wurde Aton jedenfalls immer in Konstellation mit dem König oder dem Königspaar dargestellt. Jede Kulthandlung fand unter dem Strahlenaton, im lichtdurchfluteten Raum statt, wie die Darstellungen zeigen: „Von der Sonne gehen nach unten Strahlen ab, die in Händen - dem einzigen anthropomorphen Relikt - enden. Die Hände halten dem König und der Königin - niemals normalen Sterblichen - Lebenszeichen an die Nase".[4]

Nofretete nahm nicht nur aktiv am Kult teil, sondern war Teil des Kultes. „Sie gehört zur Triade, die das Königspaar zusammen mit dem Aton bildet, als Entsprechung zu den Triaden,

---

[1] Jan Assmann, Ägypten. Theologie und Frömmigkeit einer frühen Hochkultur, 1984, 249

[2] Erik Hornung, Echnaton, Die Religion des Lichts, 2001, 87

[3] David P. Silverman/Josef W. Wegner/Jennifer Houser Wegner, (Akhenaten and Tutankhamun. Revolution and Restoration, 2006, 33) schreiben, dass die Bildhauer Aton nicht dreidimensional abbildeten, weil der König selbst die Verkörperung des Gottes darstellte. Aton wäre auf Erden durch Echnaton in menschlicher Form und am Himmel als Sonnenscheibe sichtbar gewesen.

[4] Assmann, Theologie und Frömmigkeit, 244. Das Lebens- bzw. Anch-Zeichen diente dazu, seine Träger oder Empfänger aus der menschlichen Sphäre herauszuheben. Deswegen wurden bis auf sehr wenige Ausnahmen ausschließlich Gottheiten, Könige und Königinnen damit abgebildet (s. Gay Robins, Frauenleben im Alten Ägypten, 1996, 29).

die bisher in Theben (Amun-Mut-Chons) und Memphis (Ptah-Sachmet-Nefertem) an der Spitze des Pantheons standen".[5]

Diese heilige Dreiheit „war Gegenstand häuslichen Kults und privater Devotion, und zugleich die einzige Form, in der der neue Gott der Frömmigkeit des einzelnen überhaupt zugänglich war. Die reichen Leute bauten dieser Trias in den Gärten ihrer Villen kleine Heiligtümer mit drei Altären. König und Königin beten den Gott an, das Volk betet diese Trias an. Nur in dieser Trias kommt die kosmische Lebenskraft der Sonne als handelnder Gott zur Erscheinung und wird der anbetenden Zuwendung des Menschen zugänglich. Frömmigkeit ist der Amarna-Religion eine Beziehung zwischen Gott und König (Vater und Sohn) einerseits und zwischen König und Volk andererseits. Frömmigkeit unmittelbar von Mensch zu Gott ist ausgeschlossen, da außerhalb der theokratischen Konstellation der Gott nichts als Sonne, als allbelebende Kraft ist".[6] Zumindest lässt diese Theorie eine solche Frömmigkeit in der Aton-Religion nicht zu. Es gibt aber Beispiele, die belegen, dass sich ein Mensch durchaus direkt an Aton wenden konnte. Wie etwa der Polizeichef Mahu, der in seinem Grab (Amarna, Nr. 9) abgebildet ist, wie er den Gott um Gesundheit für den König bittet. Oder der Salbenkocher Ramose, der sich in einem Brief an seinen Bruder direkt an Aton um Wohlergehen wandte.[7]

Nofretete, Königin und Göttin

Es gibt eindeutige Hinweise, die zeigen, dass Nofretete neben Echnaton eine gleichwertige - königliche und göttliche - Position einnahm: Sie stand für Isis, Nephthys, Neith und Selkis und war an deren Stelle an den vier Ecken von Echnatons Sarkophag dargestellt[8] und sie stand für Hathor als Sonnengöttin, wenn sie die Krone mit den Doppelfedern, Kuhhörnern und Sonnenscheibe trug.[9] Statuengruppen, die den König und die Königin zusammen darstellen, zeigen Nofretete in Schrittstellung, so wie nur Könige abgebildet wurden. Die Gesichtszüge der Sphingen, die Echnaton als Allee nach Karnak errichten ließ, entsprachen zur einen Hälfte denen des Königs und zur anderen Hälfte denen Nofretetes. Zudem wurde ihr Name, wie bei Königen üblich, in Doppelkartuschen geschrieben und Nofretete trug - ebenso wie Echnaton und Aton - den Uräus. In dem Tempel Hut-Benben (dt. „Haus des uranfänglichen Steins"), neben dem großen Gem-pa-Aton-Tempel (dt. „Aton ist gefunden") ein weiteres Aton-Heiligtum in Karnak, ist Nofretete abgebildet, wie sie dem Gott opfert und „die gleichen Kulthandlungen vollzieht wie sonst der König, bis hin zum ‚Darbringen der Maat' und zum ‚Niederschlagen der Feinde'".[10] Außerdem ist Nofretete im Grab des Hohepriesters Panehsi

---

[5] Hornung, Echnaton, 83

[6] Assmann, Theologie und Frömmigkeit, 252f

[7] S. Christian Bayer, Echnaton. Sonnenhymnen. Ägyptisch/Deutsch, 2007, 72

[8] S. Hornung, Echnaton, 111

[9] S. Christian Jacq, Nofretete und Echnaton. Ein Herrscherpaar im Glanz der Sonne, 2006, 152. Dass die Königin ebenso göttlich war wie der König, war keine ungewöhnliche Sichtweise. Nach Gay Robins (Frauenleben, 65) ergänzten die königlichen Frauen den göttlichen Aspekt des Königtums durch göttliches Königinnentum und repräsentierten ideologisch gesehen das weibliche Prinzip im Universum. Ungewöhnlich war jedoch die Konsequenz, mit der unter Echnaton diese Idee umgesetzt wurde.

[10] Hornung, Echnaton, 46. Carola Wedel (Nofretete und das Geheimnis von Amarna, 2005, 62) fasst Nofretetes „Rolle im Zusammenhang mit dem Schöpfergott Aton" mit folgenden Worten zusammen: „Die Königin: eine erotische Superfrau, ein lebendes Fruchtbarkeitssymbol".

(Amarna, Nr. 6) mit der königlichen Atef-Krone abgebildet. Als einzige andere Frau trug Hatschepsut - als Pharao - diese Krone.[11]

Nicht mehr nur der König, sondern auch die Königin waren die Garanten der In-Gang-Haltung der Welt. Ebenso wie der König, der dem Gott gegenübertretend und opfernd dafür Sorge trug, dass seiner Gabe als Gegengabe Segen, in Form von Fruchtbarkeit und Zufriedenheit für das Land und seine Bevölkerung folgten, war es nun auch die Königin, die um Segen für das Volk direkt vor Aton trat. Nofretete hatte also wie Echnaton schon zu Lebzeiten einen göttlichen Status und bewegte sich wie der König auch außerhalb des menschlichen im jenseitig-göttlichen Bereich.[12]

Nofretete, Inspiration Echnatons

Erik Hornung meint, Nofretete wäre zusammen mit Echnaton „am ‚Hervordenken' dieser neuen Religion beteiligt" gewesen. Hornung schreibt aber auch: „Echnaton nennt an keiner Stelle Namen, denen er sich verpflichtet fühlt, betont vielmehr immer wieder, daß nur er allein den Aton kennt".[13] Dennoch ist natürlich nicht auszuschließen, dass der junge König von anderen Personen beeinflusst wurde. In Betracht kommen einflussreiche Persönlichkeiten aus der Generation und dem Umfeld seines Vaters Amenophis III. wie etwa der Beamte Amenophis, Sohn des Hapu, oder der Hohepriester von Heliopolis Aanen, ein Bruder von Echnatons Mutter, auch der spätere König Eje, der vermutlich auch der Schwiegervater Echnatons war, kommt in Betracht und ebenso Teje, die Mutter Echnatons.

Christian Jacq geht einen Schritt weiter als Erik Hornung und meint: „Zahlreiche Hinweise lassen den Schluß zu, daß die Königin neben ihrem Gatten der wichtigste ‚denkende Kopf' der religiösen Reform war und aktiv an der Einführung des Atonkultes mitwirkte".[14] Wenn man bedenkt, dass Nofretete und Echnaton vermutlich schon als Kinder miteinander verheiratet waren,[15] ist es nahe liegend anzunehmen, dass beide von den gleichen Personen beeinflusst wurden, ähnliche Gedanken entwickelten und diese untereinander auch austauschten. Jacqs Annahme ist also keineswegs aus der Luft gegriffen.

Der Große Sonnenhymnus, der als der zentrale Text der Aton-Religion betrachtet wird, in dem die Erkenntnisse Echnatons ausgearbeitet und dargelegt sind, beginnt zusammengefasst mit den Zeilen „Lobpreisen des Aton seitens des Königs Echnaton und seitens der Königin Nofretete" und endet wie folgt: „Seitdem du die Erde gegründet hast, erhebst du die

---

[11] S. Joyce Tyldesley, Die Königinnen des Alten Ägypten. Von den frühen Dynastien bis zum Tod Kleopatras, 2008, 133

[12] Im Alten Ägypten wirkten Darstellungen bildmagisch und ließen die Wirklichkeit entstehen, die sie abbildeten. Wenn Nofretete in Gegenwart Atons abgebildet wurde, dann befand sie sich auf götterweltlicher Ebene. Deswegen wurden auch keine Priester vor den Gottheiten dargestellt, obwohl sie es ja waren, die die Kulthandlungen durchführten. Aber sie bewegten sich in der diesseitig-menschlichen, lediglich an der Schnittstelle zur jenseitigen Sphäre - also nicht auf gleicher Ebene mit der Gottheit. Darstellungen von Menschen vor Gottheiten finden sich dementsprechend nur in den Gräbern, als Verstorbene im Jenseits.

[13] Hornung, Echnaton, 65

[14] Jacq, Nofretete und Echnaton, 65

[15] S. Silverman/Wegner/Houser Wegner, Akhenaten and Tutankhamun, 131

4

Geschöpfe für deinen Sohn, der aus deinem Leib gekommen ist, den König Echnaton und für die Große Königsgemahlin, die er liebt, die Königin Nofretete". Echnaton, von dem allgemein angenommen wird, dass er selbst der Verfasser dieser Zeilen war,[16] stellt Nofretete klar neben sich - sieht sie, wie man so schön sagt, auf Augenhöhe. Christian Jacq meint dazu: „Die Rolle der Königin so zu unterstreichen bedeutete auch, ihr einen Platz an der Spitze des Staates zuzuweisen. Sie wurde ganz unmittelbar und offensichtlich der Königsmacht zugeordnet. Damit wurde ihr ohne Zweifel auch ein Status der Göttlichkeit verliehen, der jenem des Echnaton ebenbürtig war".[17]

Es spricht im Übrigen nichts gegen die Vermutung, dass Nofretete Anteil an der Ausarbeitung des Großen Sonnenhymnus hatte. Besonders die Zeilen, die Jan Assmann als „embryologischen Traktat" bezeichnet,[18] könnten von Nofretete, die ja immerhin mindestens sechs Töchter geboren hatte, inspiriert gewesen sein:

„(Du) lässt Foeten in den Frauen entstehen,

indem (du) ‚Wasser' zu Menschen machst;

(du) belebst den Sohn im Leib seiner Mutter,

(du) beruhigst ihn mit dem, was seine Tränen stillt:

Amme im Mutterleib! Atem-Spender,

der alles, was er geschaffen hat, belebt!

Wenn er (= Sohn) herabkommt aus dem Leib,

um zu atmen am Tag seiner Geburt,

dann öffnest du seinen Mund ganz und gar

und sorgst für seine Bedürfnisse".[19]

Nofretetes Einweihung durch Echnaton

Es gibt wohl in der ägyptologischen Forschung niemanden, der bezweifelt, dass Echnaton der Stifter der Aton-Religion war. Aber darüber wie Echnaton zu seinen Einsichten über das Leben durch das Licht gekommen ist, kann nur spekuliert werden. Jan Assmann geht zum Beispiel von einer Erleuchtung des Königs aus. „Ganz eindeutig beschränkt sich die ‚Äußerung' des Gottes auf das Licht. Wenn Echnaton im Großen Hymnus sagt: Du läßt ihn (den König) kundig sein deiner Pläne und deiner Macht, dann handelt es sich hier nicht um eine sprachliche Offenbarung, sondern um eine ‚Erleuchtung' des Königs, dem die wahre Bedeutung, die richtige Auslegung des göttlichen Lichts aufgegangen ist".[20]

Einer Krönung im Alten Ägypten ging eine Einweihung des zukünftigen Königs voraus. Er

---

[16] S. Assmann, Theologie und Frömmigkeit, 246

[17] Jacq, Nofretete und Echnaton, 151

[18] Assmann, Theologie und Frömmigkeit, 246

[19] Übersetzung aus Bayer, Echnaton, 15. Dieser „embryologische Traktat" besteht aus insgesamt 18 Zeilen.

[20] Assmann, Theologie und Frömmigkeit, 255

wurde von den höchsten Priestern des Landes in die Mysterien des Sonnenlaufs eingeführt.[21] Damit ging sein ritueller Tod als Mensch und seine Wiedergeburt als göttlicher Mittler einher. Nach seiner Initiation und Inthronisation war der König nicht mehr derselbe Mensch. Er hatte neue Namen, gehörte zum götterweltlichen Bereich, war dadurch unberührbar geworden und kommunizierte von nun an mit beiden Welten. Wenn er die machtvollen Insignien des Königtums trug (Kronen, Szepter) und auf dem Thron saß, war er Gott. Er war dann das Gefäß, in das der Gott einwohnte und durch das der Gott kommunizierte.

Echnaton hatte also die klassische Königsweihe vollzogen, gelangte aber während seiner ersten Regierungsjahre offensichtlich zu eigenen Einsichten was das Leben und den Tod anging. Vermutlich hatte er eine göttliche Vision, die zu den Erkenntnissen führte, die er zur Aton-Religion ausarbeitete. Echnaton war jedenfalls als einziger im Besitz des Wissens von seinem Gott, so rühmt er sich im Großen Sonnenhymnus wie folgt:

„O alleiniger Gott, [mein] Handeln geschieht für dich, denn du bist in meinem Herzen! Es gibt keinen anderen, der dich kennt, außer deinem Sohn (Echnaton)|, den du über deine Absichten und über deine Macht im Klaren sein lässt".[22]

Erik Hornung schreibt: „Der Aton selber spricht nicht, aber sein Verkünder Echnaton spricht über ihn. Wir sind also auf Zeugnisse angewiesen, die aus den Inschriften des Königs und seiner Beamten stammen. Darin ist immer wieder von der ‚Lehre' oder ‚Unterweisung' Echnatons die Rede, die er in das Herz seiner Untertanen gibt. Das ägyptische Wort *sebait*, das hier verwendet wird, bezeichnet zwar auch die schriftlich überlieferten ‚Lebenslehren' seit dem späten Alten Reich, aber es scheint sich in der Amarnazeit tatsächlich und ausschließlich um die mündlich erteilte Belehrung und Unterweisung durch den König zu handeln, nirgends findet sich eine Spur von religiösen Traktaten".[23] So bezeichnet sich der Bildhauer Bak in einer biografischen Inschrift in Assuan als Schüler Echnatons, und Würdenträger erwähnen in ihren Gräbern Unterweisungen, die sie von Echnaton persönlich erhalten hatten.[24] Es spricht also nichts gegen die Annahme, dass auch Nofretete von Echnaton in die Mysterien des Aton-Kultes eingeweiht wurde.

Die Tatsache, dass Nofretete Teil einer göttlichen Triade war, findet in der Literatur viel zu wenig Beachtung: „Die Aufnahme des Pharao in die göttliche Triade bildet den extremsten Ausdruck seiner göttlichen Abstammung. Dahinter steht das Bedürfnis, die Übereinstimmung zwischen königlichem Machtanspruch und göttlicher Ordnung immer wieder zu bestätigen und die Wesensgleichheit von Gott und König zu erweisen".[25] Nur ein inthronisierter König

---

[21] S. Joachim Friedrich Quack, Königsweihe, Priesterweihe, Isisweihe, in: Jan Assmann/Martin Bommas (Hg.), Ägyptische Mysterien?, 2002, 95ff

[22] Übersetzung nach Bayer, Echnaton, 21. Diese Monopolisierung von Frömmigkeit und dem Wissen von Gott im Königtum (s. Assmann, Theologie und Frömmigkeit, 253) war letztendlich auch der Grund für das Scheitern der Amarna-Religion, „denn sie steht und fällt" mit Echnaton, dem einzigen und alleinigen Verkünder der Lehre Atons (Hornung, Echnaton, 62f).

[23] Hornung, Echnaton, 59

[24] S. Baudouin van de Walle, Nofretete - Echnaton, Katalog zur Ausstellung, 1976

[25] Marie-Ange Bonhême/Annie Forgeau, Pharao, Sohn der Sonne. Symbolik des ägyptischen Herrschers, 1989, 69

konnte als göttlicher Sohn in eine Götterfamilie aufgenommen werden.

Ich denke, dass die Triade Aton, Echnaton und Nofretete der klarste Hinweis darauf ist, dass die Königin ebenso wie Echnaton eine Einweihung durchlaufen haben musste. Der König wurde im Zuge seiner Krönung von den Sonnenpriestern in die Mysterien des Sonnenlaufs eingeweiht und Echnaton weihte Nofretete in den Aton-Kult ein. Erst diese Einweihung, die einer Krönung gleichkam, ermöglichte ihr die Ausübung königlicher Kulthandlungen, die Verwendung königlicher Insignien und die Aufnahme in die göttliche Triade. Nofretete als Teil einer göttlichen Triade war im Grunde genauso „ungeheuerlich" wie vor ihr Hatschepsut als Pharao auf dem ägyptischen Thron.

Im vierten Regierungsjahr Echnatons bekam Aton einen neuen, lehrhaften Namen, der in Kartuschen gesetzt wurde und wie folgt lautete: „Es lebt Re-Harachte, der im Horizont jubelt, in seinem Namen Schu (Licht), der (das) aus Aton (die Sonne) kommt".[26] In seinem fünften Regierungsjahr änderte der König seinen Geburtsnamen von Amenophis (dt. „Amun ist zufrieden") in Echnaton (dt. „Strahl des Aton") um, und Nofretete (dt. „Die Schöne ist gekommen") bekam einen weiteren, in einer Kartusche eingeschriebenen Namen hinzu: Nefer-Neferu-Aton (dt. „Vollkommen ist die Vollkommenheit/Schönheit des Aton").

Spätestens in diesem fünften Regierungsjahr, so denke ich, war Nofretete in die Mysterien eingeweiht worden. Denn ihr Name in der Doppelkartusche kann als ein Ersatz für einen Thronnamen angesehen werden,[27] den Könige bei der Krönung bekommen. Und nur die Namen von inthronisierten - und somit in die Mysterien eingeweihten - Königen wurden in Doppelkartuschen gesetzt. Es spricht also sehr viel dafür, dass Nofretete von Echnaton in den Aton-Kult eingeweiht und deswegen auch als „Jene, die Aton fand" bezeichnet wurde.[28]

Schluss

Nofretete bildete mit Echnaton und Aton „eine göttliche Dreiheit, wie sie im Pantheon des Neuen Reiches so häufig begegnete. Die Konstellation, die hier durchscheint, ist die von Atum, dem einen Gott des Anfangs, mit dem Paar Schu/Tefnut, das aus ihm hervorging. Das ist am Anfang noch ganz deutlich, wenn z.B. einige der Kolossalstatuen Echnatons die Vierfederkrone des Schu tragen".[29] Echnaton ließ sich also als Luftgott Schu abbilden und zeigte sich somit als Sohn des Urgottes Atum. Daraus ergab sich zwangsläufig, dass Nofretete die Stelle der Tochter Atums, der Göttin des Feuers, Tefnut, einnahm.[30] „Luft und Feuer - das heißt die Entstehung lichterfüllter Ausdehnung - bilden das erste kosmogonische Stadium. Atum verwandelt sich bei seinem Übergang von der Präexistenz in die Existenz in die Sonne, deren Strahlung der Mythos als Gluthauch aus Feuer und Luft interpretiert. Der

---

[26] S. Thomas Schneider, Lexikon der Pharaonen, 1994, 67

[27] S. Hornung, Echnaton, 46

[28] S. Jacq, Nofretete und Echnaton, 73

[29] Hornung, Echnaton, 64

[30] Zu Tefnut als Göttin des Feuers (nicht der Feuchtigkeit!) s. Jan Assmann, Theologie und Weisheit im alten Ägypten, 2005, 15f

kosmogonische Augenblick ist nichts anderes als der erste Sonnenaufgang". Dieser erste Sonnenaufgang, so Assmann weiter, „wird als erste Schöpfungstat verstanden: als Erschaffung des Lichts".[31] Aton, Echnaton und Nofretete waren wie Atum, Schu und Tefnut - und zusammen waren sie das Licht.

Hier sollte man meiner Meinung nach ansetzen und über die Möglichkeit nachdenken, ob vielleicht das Licht doch auch rundbildlich und nicht nur im Flachbild dargestellt wurde. Ich denke, Echnaton/Schu und Nofretete/Tefnut symbolisierten gemeinsam als Paar - auch in Form ihrer Statuen - das von Aton ausgehende Licht und das dadurch ermöglichte Leben.

---

[31] Assmann, Theologie und Weisheit, 16